¿Qué está despierto?

El coyote

Patricia Whitehouse

Traducción de Patricia Cano

Heinemann Library
Chicago, Illinois

Customer Service 888-454-2279
Visit our website at www.heinemannlibrary.com

Designed by Sue Emerson, Heinemann Library
Printed and bound in the United States by Lake Book Manufacturing, Inc.

07 06 05 04 03
10 9 8 7 6 5 4 3 2 1

Library of Congress Cataloging-in-Publication Data
Whitehouse, Patricia, 1958-
   [Coyotes. Spanish]
   El coyote / Patricia Whitehouse.
      p. cm — (¿Qué está despierto?)
Summary: An introduction to the coyote, including its habitat, diet, and physical features.
   ISBN 1-40340-394-5 (HC),   1-40340-635-9 (Pbk)
   1. Coyote—Juvenile literature. [1. Coyote. 2. Spanish language materials.] I. Title.
   QL737.C22 W49518 2002
   599.77'25--dc21
                              2001059354

Acknowledgments
The author and publishers are grateful to the following for permission to reproduce copyright material:
p. 4 Steve Strickland/Visuals Unlimited; p. 5 E. R. Degginger/Photo Researchers, Inc.; pp. 6, 14, 16, 20, 22 Jeff Lepore/ Photo Researchers, Inc.; p. 7 Tim Davis/Photo Researchers, Inc.; p. 8L Cheryl A. Ertelt/Visuals Unlimited; pp. 8R, 9 Stephen J. Krasemann/Photo Researchers, Inc.; p. 10 Joe McDonald/Visuals Unlimited; p. 11 Andrew Rakoczy/Photo Researchers, Inc.; p. 12 Nicholas DeVore III/Bruce Coleman/PictureQuest; p. 13 Peter Weimann/Animals Animals; p. 15 Victoria Hurst/Tom Stack & Associates; p. 17, 19R Len Rue, Jr./Photo Researchers, Inc.; p. 18 Tom Bledsoe/Photo Researchers, Inc.; p. 19L Paul Berquist/Animals Animals; p. 21 Jerry L. Ferrara/Photo Researchers, Inc.; p. 23 Jack Ballard/Visuals Unlimited

Cover photograph by Stephen J. Krasemann/Photo Researchers, Inc.

Special thanks to our bilingual advisory panel for their help in the preparation of this book:
Aurora García
Literacy Specialist
Northside Independent School District
San Antonio, TX

Leah Radinsky
Bilingual Teacher
Interamerican School
Chicago, IL

Argentina Palacios
Docent
Bronx Zoo
New York, NY

Ursula Sexton
Researcher, WestEd
San Ramon, CA

The publisher would also like to thank Dr. Dennis Radabaugh, Professor of Zoology at Ohio Wesleyan University in Delaware, Ohio, for his help in reviewing the contents of this book.

Unas palabras están en negrita, **así.**
Las encontrarás en el glosario en fotos de la página 23.

Contenido

¿Qué está despierto?

Mientras tú duermes, hay unos animales despiertos.

Los animales que están despiertos de noche son animales **nocturnos**.

El coyote está despierto de noche.

¿Qué es el coyote?

El coyote es un **mamífero**.

Los mamíferos tienen **pelaje**.

Los mamíferos viven con sus crías.

Producen leche para las crías.

¿Cómo es el coyote?

perro

coyote

El coyote es del tamaño de un perro pastor alemán.

Tiene **pelaje** de color entre amarillo y café.

El coyote tiene una cola gruesa
y tupida.

A veces camina con la cola recta.

¿Dónde vive el coyote?

Unos coyotes viven en desiertos.

Otros coyotes viven en montañas o en **praderas**.

El coyote vive cerca de donde haya alimento.

A veces vive cerca de la gente.

¿Qué hace el coyote de noche?

El coyote se despierta cuando oscurece.

Busca alimento.

Casi todos los coyotes pasan
la noche cazando.

Unos sólo cazan poco después de
anochecer y antes de amanecer.

¿Qué come el coyote?

En el campo, el coyote come ratones, aves o pescados.

También come insectos o frutas.

En la ciudad, el coyote come
lo mismo.

También come basura o la comida
que se deja afuera para las mascotas.

¿Qué sonido hace el coyote?

El coyote gimotea y gruñe.

También ladra.

hocico

El coyote también aúlla.

Para aullar, alza el **hocico** hacia el cielo.

¿Qué tiene de especial el coyote?

El coyote tiene muy buen olfato.

Puede oler alimento a mucha distancia.

El coyote aprende a vivir en distintos lugares.

Vive en lugares donde hace calor o frío.

¿Dónde pasa el día el coyote?

Por la mañana, el coyote busca un lugar protegido.

Se enrosca y duerme.

A veces el coyote caza de día.

Caza de día cuando no encuentra alimento de noche.

Mapa del coyote

pelaje

hocico

cola

Glosario en fotos

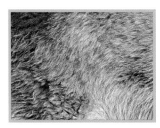 **pelaje**
páginas 6, 8

 **hocico**
página 17

 **pradera**
página 10

 **nocturno**
página 4

 **mamífero**
páginas 6, 7

Nota a padres y maestros

Leer para buscar información es un aspecto importante del desarrollo de la lectoescritura. El aprendizaje empieza con una pregunta. Si usted alienta a los niños a hacerse preguntas sobre el mundo que los rodea, los ayudará a verse como investigadores. En este libro, se identifica el animal como un mamífero. Por definición, los mamíferos tienen pelo o pelaje y producen leche para alimentar a sus crías. El símbolo de mamífero en el glosario en fotos es una perra amamantando sus cachorros. Comente que, fuera del perro, hay muchos otros mamíferos, entre ellos el ser humano.

 PRECAUCIÓN: Recuérdeles a los niños que no deben tocar animales silvestres. Los niños deben lavarse las manos con agua y jabón después de tocar cualquier animal.

Índice